LETTRE

POLITIQUE DU TEMPS PRÉSENT

CHALONS-SUR-MARNE, IMPRIMERIE T. MARTIN.

LETTRE

SUR

LA POLITIQUE

DU

TEMPS PRÉSENT

PAR

P. BISTON, AVOCAT

> « La Révolution a commencé par la déclaration
> des Droits de l'homme, et elle ne finira que par
> la déclaration des Droits de Dieu. »
> (De Bonald.)

DEUXIÈME ÉDITION

PARIS

E. DENTU, LIBRAIRE-ÉDITEUR, PALAIS-ROYAL

GALERIE D'ORLÉANS, 17 ET 19

1866

Un vénérable prélat, aussi remarquable par les qualités de son esprit que par sa grande sagesse et son ardente charité, le cardinal Donnet, archevêque de Bordeaux, nous écrivait, le 25 mars dernier, à l'occasion de notre *Première Lettre Champenoise sur les Choses du Temps présent* :

« En vous appuyant des citations de Bossuet, de » Pascal, de Montesquieu, vous vous placez sous le » manteau d'autorités imposantes. Ce sont autant de » pierres précieuses enchâssées dans une modeste » parure, qui servent à en rehausser la valeur.

» Aussi avez-vous eu la satisfaction de mettre en » lumière les principes de sage politique qui forment » votre conviction et vous font honneur.

» Je vous remercie de l'honneur que vous m'avez » fait en m'adressant votre opuscule où se révèlent » de bonnes intentions et de nobles sentiments. »

Ce témoignage de haute bienveillance, et les encou-

ragements que nous avons reçus de savants magistrats
et d'hommes illustres dans les lettres et la politique,
nous engagent à faire réimprimer notre travail.

Nous lui donnons aujourd'hui ce nouveau titre :
Lettre sur la Politique du Temps présent, parce qu'il
fait mieux connaître le sujet que nous avons voulu
traiter, et aussi pour éviter toute confusion, et ne
nuire en rien aux ouvrages qui, à diverses époques, ont
paru sous le nom de notre ancienne province.

Nous avons pour principe de ne rien publier sans
interroger souvent les grands esprits qui sont la gloire
des siècles passés.

Et si des critiques, plus présomptueux que sages,
nous reprochaient d'avoir multiplié les citations dans
cet écrit, nous leur répondrions avec La Bruyère :
« Tout est dit : et l'on vient trop tard depuis plus
de sept mille ans qu'il y a des hommes, et qui
pensent.... l'on ne fait que glaner après les anciens
et les habiles d'entre les modernes. »

Châlons-sur-Marne, 31 mai 1866.

LETTRE

SUR LA

POLITIQUE DU TEMPS PRÉSENT

Bossuet parle, dans une de ses oraisons funèbres, de « ces terres trop remuées et devenues incapables de consistance, qui sont tombées de toutes parts, et n'ont fait voir que d'effroyables précipices. J'appelle ainsi, dit-il, tant d'erreurs téméraires et extravagantes qu'on voyoit paroître tous les jours. ..... »

Et il ajoute : « C'étoit un dégoût secret de tout ce qui a de l'autorité, et une démangeaison d'innover sans fin, après qu'on en a vu le premier exemple... »

« Il ne faut point s'étonner, observe encore l'orateur sacré, si les hommes perdirent le respect de la majesté et des lois, ni s'ils devinrent factieux, rebelles et opiniâtres. On énerve la religion quand on la change, et on lui ôte un certain poids, qui seul est capable de tenir les peuples. Ils ont dans le fond du cœur je ne sais quoi d'inquiet qui s'échappe, si on leur ôte ce frein nécessaire ; et on ne leur laisse plus rien à ménager, quand on leur permet de se rendre maîtres de leur religion. C'est de là que nous est né ce prétendu règne du Christ, inconnu jusques alors au christianisme, qui devoit anéantir toute royauté, et égaler tous les hommes ; songe séditieux des indépendants, et leur chimère impie et sacrilége. Tant il est vrai que tout se tourne en révoltes et en pensées séditieuses, quand l'autorité de la religion est anéantie ! »

Ne croirait-on pas que ces lignes, qui portent la date de 1669, ont été écrites pour le temps où nous vivons, que ce langage magnifique s'adresse, non plus aux sectaires de l'Angleterre, mais bien aux révolutionnaires de notre pays, et ne faut-il pas reconnaître que Bossuet a été ici comme l'historien de l'avenir?

« On ne respecte guère le joug des puissances, quand on est parvenu à secouer le joug de la foi [1], » et n'est-ce pas depuis que la Religion a perdu de son empire sur les âmes, que nous avons vu la majesté du prince violée, et les magistrats sans autorité ?

(1) Massillon. *Petit Carême.*

« La Religion seule peut retenir, modérer la chute
de l'esprit humain, qui, sans son secours, va toujours tombant, jusqu'à ce qu'il ait atteint le fond
de l'abîme [1], » et elle est « le meilleur garant que
l'on puisse avoir des mœurs des hommes [2] .... »

Lorsqu'un peuple est arrivé par l'indifférence ou le
scepticisme à l'irréligion, il n'a bientôt plus aucune
foi politique, devient inconstant et frondeur, et change
de gouvernement aussi souvent que de vêtement.

En un mot, l'ordre politique dépend de l'ordre
religieux ; il existe, selon l'expression de Rivarol,
comme un contrat éternel entre la Politique et la Religion, et il n'y aura jamais de respect pour l'autorité
humaine, là où il y a mépris de l'autorité divine.

Aujourd'hui, ces deux autorités ont encore les
mêmes adversaires, elles sont attaquées de toutes parts
par la presse révolutionnaire, et cette force redoutable,
qui en France sait renverser les trônes, continue à
saper les fondements de la société religieuse et civile.

Des journaux, habiles inventeurs de chroniques
scandaleuses, et écrits de ce style bas et souvent
grossier qui plaira toujours à la multitude, tournent
en dérision les choses saintes, considèrent comme

(1) Lamennais. *Essai sur l'Indifférence en matière de Religion.* C. V.
(2) Montesquieu. *Grandeur et Décadence des Romains.* Chap. X.

des superstitions les croyances religieuses, calomnient les ministres du culte, et en même temps, ils critiquent avec acharnement les actes des agents du pouvoir, et particulièrement des représentants de l'administration, depuis le préfet jusqu'au maire du plus petit village.

Ces journaux ont la prétention de diriger l'opinion, et refusant à l'autorité le droit d'exercer une influence sur l'esprit public, d'exprimer ses préférences en faveur des hommes de probité et d'honneur, et de combattre loyalement et ouvertement les ambitieux vulgaires et hypocrites qui flattent le peuple et le poussent pour leurs propres intérêts, ils parlent et agissent comme s'ils étaient les avocats consultants du pays, et en réalité, ils sèment la discorde entre les citoyens, divisent les familles, soulèvent en tous lieux l'inférieur contre le supérieur, et soufflent le feu de l'opposition jusque dans nos campagnes.

Ils ont réussi à y créer un parti qui grandit de jour en jour, et ils y répandent les maximes d'une démocratie *socialiste*, qui sont un danger pour toute monarchie, puisqu'elles tendent à donner au peuple l'exercice de la souveraineté.

L'orgueil des écrivains de la révolution démocratique et sociale est extrême, le droit primordial et constitutionnel en France de la souveraineté nationale, ce droit formellement reconnu par le célèbre édit de juillet 1717 [1], ne peut plus lui suffire, et il se nourrit constamment de l'amour des innovations.

Quelques efforts que fassent nos idéologues politiques, ils ne parviendront jamais à changer la signification des mots et l'essence même des choses.

« La nature du gouvernement monarchique est que le prince y ait la souveraine puissance, mais qu'il l'exerce selon des lois établies [2], » et la nature du gouvernement démocratique est que « le peuple y exerce la souveraineté [3]. »

Et l'histoire des peuples anciens et modernes nous enseigne que les principes de ces deux gouvernements sont inconciliables, et que tôt ou tard, et après des luttes longues, souvent sanglantes, l'un est toujours resté triomphant sur les ruines de l'autre.

Une monarchie dans un état *populaire* [4] peut être un beau rêve, mais ce n'est qu'un rêve, et nous pensons avec un auteur célèbre que le peuple ne doit jamais

---

(1) Cet édit déclare que « si jamais la nation éprouvait ce malheur (la vacance du trône), ce serait à la nation même qu'il appartiendrait de le réparer. »

(2) Montesquieu. *Esprit des Lois.* Liv. III. chap. 2.

(3) *Dictionnaire de l'Académie.*

(4) Nous prenons ici ce mot dans le sens que lui donne Montesquieu.

régner, dominer, enseigner, et que l'amélioration doit venir de la tête, et non des pieds et des mains.

Si le régime *populaire* a existé dans l'antiquité, c'est seulement là où on connaissait et pratiquait la vertu politique, qu' « on peut définir l'amour des lois et de la patrie, et qui demande une préférence continuelle de l'intérêt public au sien propre [1]. »

« Les politiques grecs qui vivoient dans le gouvernement *populaire* ne reconnoissoient d'autre force qui pût le soutenir que celle de la vertu. Ceux d'aujourd'hui ne nous parlent que de manufactures, de commerce, de finances, de richesses et de luxe même [2]. »

Voilà comment s'exprimait Montesquieu au dix-huitième siècle ; que penserait-il des politiques de nos jours, qui prononcent dans des Comices de beaux discours où ils se plaisent avant tout à entretenir le peuple des nécessités de la vie animale, des progrès matériels, de l'amélioration de la condition humaine, à prôner le désir de chacun d'augmenter ses jouissances, le goût de plus en plus vif pour les commodités de l'existence, et à glorifier la multitude en proclamant que « le chétif ouvrier devient roi de la création par son travail et son génie. »

(1) *Esprit des Lois.* Liv. IV, chap. 5.
(2) *Esprit des Lois.* Liv. III, chap 3.

« Comme les hommes ont eu dans tous les temps les mêmes passions, dit ailleurs Montesquieu, les occasions qui produisent les grands changements sont différentes, mais les causes sont toujours les mêmes, » et la France sait, par expérience, que s'il arrive que le pouvoir du peuple soit trop prépondérant, celui-ci devient d'abord plus hardi, et tombe bientôt dans l'anarchie.

Et cela est d'une vérité évidente, lorsqu'il s'agit d'un peuple dont l'éducation politique est encore à faire, et qui vit dans un état d'ignorance si difficile à détruire, qu'un savant professeur, député au Corps législatif, a pu prononcer devant cette assemblée, le 16 juin 1865, les paroles suivantes : « Il ne manque pas d'esprits sérieux pour soutenir qu'il aurait fallu apprendre à lire à tous les citoyens, avant de leur donner le droit de voter. Je ne le pense pas, savez-vous pourquoi ? C'est que le moment où tous auraient su lire ne serait peut-être jamais venu. Mais il n'y a pas un homme sincère qui ne dise : puisqu'à l'heure qu'il est, tout le monde a le droit de voter, hâtons-nous, ne perdons pas une minute, donnons à tous la capacité de voter avec connaissance de cause. Tant que vous ne l'aurez pas fait, il y aura quelque chose d'inintelligible dans la force du suffrage universel. Il doit être l'expression de la raison publique, et tant qu'il ne sera pas exercé avec capacité et intelligence, il paraîtra à beaucoup d'esprits le triomphe de la majorité et l'expression de la force. »

Cet aveu naïf de **M.** Jules Simon est précieux, et comment s'étonner maintenant qu'un peuple ignorant se laisse si aisément séduire par de grands mots, qui lui font espérer, si ce n'est le bonheur, au moins un changement heureux dans sa situation ?

Les inventeurs de cette démocratie que le monde n'a pas encore connue, abusent particulièrement du mot *progrès*, et parce que les découvertes de la science et ses merveilleuses applications ont été la cause d'une transformation, ou plutôt d'une révolution dans l'ordre matériel des faits, parce que l'industrie et le commerce ont augmenté leurs produits et créé subitement des fortunes excessives, qui sont à nos yeux un nouveau danger pour l'Etat, ces endormeurs du peuple parlent comme s'ils allaient nous ramener l'âge d'or.

Et cependant le pauvre peuple ne voit toujours pas venir *la poule au pot* du bon Henri, il souffre du renchérissement des choses les plus nécessaires à la vie, et une presse impie lui enlève les divines consolations, en même temps qu'elle lui promet un bien-être impossible.

Il est vrai qu'il n'a plus au-dessus de lui l'aristocratie de la naissance, mais depuis que les sacs d'écus
ont remplacé les lettres de noblesse, et qu'ils servent
à ouvrir les portes des grands et des petits conseils,
le peuple subit la puissante influence des privilégiés
de la fortune bien ou mal acquise, et Dieu seul sait
ce que deviendront les mœurs de la France entre les
mains de cette aristocratie moderne !

Plusieurs de nos vieilles villes de province, qui ont
dû autrefois leur gloire à la culture des lettres et des
arts, ne sont déjà plus dans le siècle des lumières que
de véritables cités de marchands ; les bibliothèques y
sont comme abandonnées, les ateliers du peintre et du
sculpteur déserts, et on y regarde presque en pitié
l'écrivain, l'orateur, et ceux qui ne savent manier
que le pinceau ou le ciseau de l'artiste.

C'est dans ces cités que se déploie un luxe corrup-
teur qui entraîne après lui la prostitution et la
misère, et que prospère l'industrie des cabarets et
des cafés ; le peuple s'y récrée selon le goût du jour,
et trouve dans ces lieux publics les journaux du *progrès*,
qui lui donnent l'enseignement quotidien de la nou-
velle démocratie ; il y entend aussi les grands dis-
coureurs, ces adroits meneurs qui connaissent tous
les secrets du scrutin, et comme il oublie Dieu,

n'ouvre plus un bon livre et reste sourd à la voix de ses meilleurs amis, on ne doit pas s'étonner de voir ce peuple se précipiter dans un matérialisme tel qu'il préférera souvent un homme d'argent à un homme de savoir et de conscience.

« Il est plaisant, écrivait le cardinal de Bernis, que l'orgueil s'élève à mesure que le siècle baisse : aujourd'hui, presque tous les écrivains veulent être législateurs, fondateurs d'empires, et tous les gentils-hommes veulent descendre des souverains. »

Et de nos jours, tout nouvel enrichi devient facilement ambitieux, recherche avec ardeur les suffrages de la multitude, et La Bruyère nous en fournit une excellente raison :

« A force de faire de nouveaux contrats, dit-il, ou de sentir son argent grossir dans ses coffres, on se croit enfin une bonne tête, et presque capable de gouverner. »

Gros-Jean a su faire sans se compromettre des bénéfices rapides, et, par son heureux trafic, il s'est acquis la réputation d'une grande habileté.

Gros-Jean possède la fortune, cette « voie sourde pour acquérir la puissance[1], » et comme il aspire à tout et est atteint de la folie ambitieuse, il quitte le

(1) Montesquieu.

comptoir et va prendre des leçons de politique chez un vieux praticien de son endroit.

Devenu audacieux et rusé, notre homme change de visage et de langage à volonté, et, selon les besoins du moment, il flatte et encense ceux qu'il a d'abord raillés et méprisés. Libre penseur et démocrate avec les uns, Gros-Jean se présente aux autres comme un défenseur de la Papauté et de la monarchie ; il possède un jargon politique avec lequel il jette de la poudre aux yeux des niais qui lui font cortége, et, comme au royaume des aveugles les borgnes sont rois, ce grand citoyen passe bientôt pour le phénix de la contrée, et, dès qu'il se montre, la foule le couvre d'applaudissements.

Le vertueux Gros-Jean n'oublie pas de se dire indépendant, désintéressé, généreux, l'ami du peuple et le défenseur de ses droits ; il ne cesse pas de tonner contre l'orgueil, l'avarice, la cupidité et l'égoïsme du siècle ; il régente partout, est toujours prêt à faire de l'opposition, et aime à passer pour persécuté par l'autotorité, qu'il respecte à sa manière.

Cette victime prétendue du sort et de la méchanceté humaine, obtient ainsi presque les honneurs d'un héros de carrefour, et lorsqu'il est sur le point d'atteindre le haut de l'échelle, ses amis s'écrient : Il est propre à tout; « ce qui signifie toujours qu'il n'a pas plus de talent pour une chose que pour une autre, ou, en d'autres termes, qu'il n'est propre à rien [1]. »

La race des Gros-Jean politiques ne s'éteindra pas de sitôt; elle est née vers 1830, au sein de la bourgeoisie moderne, et à chaque bouleversement, qu'elle ne sait ni prévoir, ni combattre, on voit cette race grandir et multiplier.

Sous le régime actuel, la domination des gens riches, mais qui n'ont ni esprit, ni savoir, et pour lesquels toute opinion est indifférente, pourvu qu'ils gouvernent, n'est pas rare dans nos provinces, et on n'y a fait, sous ce rapport, comme sous beaucoup d'autres, aucun progrès politique.

De plus, comme l'instinct de la multitude la porte constamment à mettre à son niveau les hommes et les choses, on ne peut guère espérer voir l'esprit public se relever et la vertu politique refleurir parmi nous.

Les chefs d'un parti qui est évidemment plus républicain que monarchique, ont aussi le mot de liberté toujours à la bouche, et personne n'ignore que notre pays est celui où l'on parle le plus de cette belle chose, et où l'on en connaît le moins les bienfaits.

En France, la liberté dégénère aisément en licence,

[1] La Bruyère.

et il semble qu'elle n'y peut prendre racine ; elle a été dans le passé le cri de ralliement des factieux, et a enfanté plus de crimes que de vertus.

Son nom seul n'en produit pas moins un effet magique sur la foule, et c'est pour cela que les écrivains d'une certaine école l'emploient si fréquemment.

Bossuet, que nous aimons à citer, parce que son génie éclaire tout ce qu'il touche, remarque à ce sujet que « quand une fois on a trouvé le moyen de prendre la multitude par l'appât de la liberté, elle suit en aveugle, pourvu qu'elle en entende seulement le nom. »

Progrès, liberté, ce sont là des mots éclatants, trompeurs, dont se servent sans cesse les hommes qui pensent que la fin justifie les moyens, et qui, voulant parvenir *per fas et nefas*, n'hésitent pas à sacrifier l'intérêt du pays à leur intérêt personnel.

Le grand évêque de Meaux a connu ces hommes auxquels l'intérêt seul sert de guide, et c'est à eux qu'il s'adressait dans son sermon sur *la Justice*, lorsqu'il s'écriait :

« O droit ! ô bonne foi ! ô sainte équité ! je vous appelle à témoin contre l'injustice des hommes, mais je vous appelle en vain ; vous n'êtes presque

plus parmi nous que des noms pompeux, et l'intérêt
est devenu notre seule règle de justice.

» Intérêt, Dieu du monde et de la cour, le plus
ancien, le plus décrié, et le plus inévitable de tous
les trompeurs, tu trompes dès l'origine du monde.. »

L'intérêt propre, égoïste, est, suivant Pascal, un
merveilleux instrument pour nous crever agréablement
les yeux, et c'est ce qui explique l'aveuglement de
tous ces gens de petite qualité, dont le pays a eu tant
de fois à souffrir depuis que la société française a été
bouleversée par les révolutions.

Elles y ont « irrité l'ambition par le succès de
ceux qui avoient le plus osé [1], » et fait naître ou
développé bien d'autres passions, et la plus dangereuse
de toutes, c'est l'envie, qui divise les hommes, lorsque
la Religion ne les rapproche plus, et engendre nécessairement la haine.

N'est-ce pas à notre époque, où les institutions
elles-mêmes favorisent tant de convoitises et excitent
partout le désir de parvenir à la fortune ou aux honneurs, que s'applique cette autre pensée de Pascal :
« Tous les hommes se haïssent naturellement. On
s'est servi comme on a pu de la concupiscence pour
la faire servir au bien public. Mais ce n'est que feinte,

(1) *Esprit des Lois*. Liv. III, chap. 3.

et une fausse image de la charité ; réellement, ce n'est que haine. Ce vilain fonds de l'homme, *figmentum malum*, n'est que couvert ; il n'est pas ôté [1]. »

Et ce qui est digne de remarque, c'est que l'amour de l'égalité, prêché dans le monde par les apôtres du prétendu progrès, n'a fait que multiplier encore les jalousies et a refroidi la charité; elle est sur les lèvres, on l'écrit en lettres d'or sur les monuments, mais elle n'est pas toujours dans les cœurs.

Les pauvres et les riches, les serviteurs et les maîtres, les ouvriers et les patrons, les travailleurs et les bourgeois, les petits marchands et les gros capitalistes, les petits cultivateurs et les grands propriétaires, les parvenus d'aujourd'hui et ceux de la veille, même les membres d'une même famille, ne sont que trop souvent séparés par l'envie, et si la Religion ne parvient pas à les réconcilier, les partisans de la réforme sociale s'efforceront de rallumer cette guerre intestine dont nous avons déjà entendu les premiers et terribles bruits, et au milieu de laquelle la civilisation moderne a failli périr.

Et cependant on n'a jamais exercé mieux qu'à notre époque les devoirs de l'humanité, et on ne saurait nier que l'Etat et les particuliers rivalisent de zèle

(1) *Pensées de Pascal*. Seconde partie, art. XVII. — 97.

pour les œuvres de bienfaisance, qui couvrent pour ainsi dire le sol de la France.

La bienfaisance a malheureusement perdu tout caractère chrétien aux yeux des propagateurs de la réforme sociale, et ils ne veulent y voir, dans l'intérêt égoïste de cette partie du peuple qu'ils affectent d'appeler les classes laborieuses ou inférieures, qu'un droit à l'assistance publique.

Ces écrivains de la Révolution, qui savent tout, excepté le catéchisme, ne connaissent même pas le sens de ce mot divin de *Charité*, et l'aumône, qui n'est que le fruit de la plus douce des vertus, est devenue pour eux comme une chose honteuse qu'ils n'osent même plus nommer.

« La Charité est patiente, dit saint Paul ; elle est douce et bienfaisante.

» La Charité n'est point envieuse, elle n'est point téméraire et précipitée, elle ne s'enfle point d'orgueil ; elle n'est point dédaigneuse, elle ne se pique et ne s'aigrit de rien, elle n'a point de mauvais soupçons ; elle ne se réjouit point de l'injustice, mais elle se réjouit de la vérité ; elle tolère tout, elle croit tout, elle espère tout, elle souffre tout. »

Cette admirable définition renferme la condamnation de toutes les superbes doctrines de nos réformateurs modernes, et elle a inspiré à Pascal une pensée sublime qu'il a exprimée en ces termes :

« Tous les corps, le firmament, les étoiles, la terre et les royaumes, ne valent pas le moindre des esprits, car il connoît tout cela, et soi-même ; et le corps, rien. Et tous les corps, et tous les esprits ensemble, et toutes leurs productions, ne valent pas le moindre mouvement de Charité, car elle est d'un ordre infiniment plus élevé.

» De tous les corps ensemble on ne sauroit tirer la moindre pensée : cela est impossible, et d'un autre ordre. Tous les corps et les esprits ensemble ne sauroient produire un mouvement de vraie Charité : cela est impossible, et d'un autre ordre tout surnaturel [1]. »

En un mot, « la Charité est un zèle de religion pour le prochain [2], » et lorsqu'on excite sans relâche dans le cœur de l'homme ignorant et si naturellement ingrat, non pas ce zèle de religion, mais l'orgueil, la cupidité et la concupiscence, il en sort nécessairement, dans un temps plus ou moins éloigné, comme une explosion de ces deux passions qui « s'unissent toujours et se fortifient l'une l'autre [3], » c'est-à-dire de l'envie et de la haine.

(1) *Pensées* de Pascal. — Seconde partie, art. X -I.
(2) Vauvenargues.
(3) La Bruyère.

Ce sont les passions de l'envie et de la haine, sans cesse entretenues par l'ambition déréglée et l'intérêt égoïste, qui ont créé parmi nous ces tristes coalitions de coteries qui veulent se venger ou monter à l'assaut du pouvoir.

On sait ce que deviennent dans ces coalitions immorales le respect de l'autorité, la sainteté du serment et la fidélité au prince ; des hommes de toute opinion, de tout rang et de toute condition, s'y rencontrent et s'y associent, et ils y compromettent l'honneur de leur drapeau, leur foi politique et religieuse, leur conscience, pour satisfaire leurs rancunes ou leurs communes passions.

Chose incroyable! on a même vu, il y a peu de temps, certains membres du clergé montrer leur mécontentement en combattant avec ardeur, et Dieu sait par quels moyens! l'élection d'un honorable magistrat, parent d'un savant et vertueux prélat, de l'héroïque et glorieux martyr de nos discordes civiles. Et cela, parce que le neveu de Mgr Affre était le candidat de l'administration!

Sous le prétexte d'une grande cause à défendre, et malgré les nombreuses et solennelles déclarations faites au Corps Législatif et au Sénat, et qui ne permettent pas de supposer que le gouvernement de la France abandonne jamais le pouvoir temporel du Souverain-

Pontife aux criminelles entreprises des révolutionnaires, des prêtres repoussent un honnête homme dont
la capacité est incontestable, et qui avait donné des
preuves de son dévouement à la Religion !

Et ailleurs, quelques-uns de ceux qui doivent les
premiers rendre à César ce qui est à César, et à Dieu
ce qui est à Dieu, ont été vus former des cabales,
prendre pour mot de ralliement la *liberté des élections,*
entrer résolument en action, agir avec énergie et user
de toute leur influence pour faire triompher des can-
didats qui se présentaient sous le patronage des journaux irréligieux et révolutionnaires !

Quel exemple pour les populations, et combien les
intérêts sacrés de la Religion n'ont-ils pas à souffrir
d'un pareil scandale !

Lorsque le prêtre oublie jusqu'à ce point sa sainte
mission, lorsqu'il se laisse circonvenir, ainsi que le
disait au Sénat, le 13 juin 1861, un ministre élo-
quent [1], « par des gens fort habiles, qui, sans principes, en affectent de très-rigoureux, et cherchent à
faire de la Religion un instrument d'agitation pour la
société et d'ébranlement pour le trône qui la défend ; »
lorsque le prêtre se fait opposant et frondeur, et préfère

____

(1) M. Billault.

une popularité éphémère à la justice et à la vérité, sa conduite doit être un sujet d'affliction pour tout cœur chrétien, mais on aurait tort de jeter le cri d'alarme et de penser qu'il y ait là un danger sérieux pour la Religion et l'Etat.

La Religion est immortelle, elle ne saurait périr par les fautes d'une minorité imprudente, et malgré les attaques de ses ennemis, elle ne se lassera pas de donner au peuple ses divins enseignements et la vie morale dont elle est la source.

Quant à l'Etat, il n'a jamais rien eu à craindre des factions, tant qu'un gouvernement fort et vigilant a su s'appuyer sur ces deux grandes forces qu'on appelle la magistrature et l'armée.

La magistrature française, depuis qu'elle est séparée du pouvoir politique, est un des plus fermes soutiens de la monarchie; fidèle gardienne des lois, elle a, dans les temps les plus difficiles, courageusement combattu les passions anarchiques, et, même lorsque les émeutes grondaient dans les rues, elle n'a pas cessé de protéger les droits de tous, et de montrer cette dignité et cette impassibilité qui commandent le respect.

Et l'armée, n'est-elle pas de nos jours une force matérielle et morale dont la puissance est le désespoir de ceux qui sont toujours prêts à renverser les gouvernements qui ne leur accordent ni places, ni honneurs, ni fortune?

N'est-elle pas l'élite de la nation, et n'est-ce pas elle qui assure la sécurité générale et la paix publique?

L'armée a la religion du devoir et le culte de l'honneur, elle vit dans une fraternité d'armes touchante, et elle donne en tous lieux l'exemple des vertus guerrières et des vertus civiles. Elle ne se distingue pas seulement par sa bravoure, son dévouement à la patrie et son désintéressement, mais encore par sa discipline, son respect de l'autorité et son obéissance aux lois.

Rien ne pourrait subsister sans elle, il faut bien que l'orgueil du siècle s'humilie devant cette vérité incontestable, et reconnaisse que la civilisation moderne, nos droits, nos libertés, nos personnes et nos biens, n'ont pas de meilleure sauvegarde que l'armée.

Il y aura bientôt cent ans que Frédéric-le-Grand faisait sur son pays cette observation qui s'applique aujourd'hui parfaitement à la France et à toutes les monarchies de l'Europe : « Car, après tout, écrivait le roi historien au prince Henri, le 4 mai 1767, c'est sous la protection de l'art militaire que tous les autres arts fleurissent, et, dans un pays comme le nôtre, l'Etat se soutient autant que les armées le protégent. Si jamais on négligeait l'armée, c'en serait fait de ce pays-ci. »

Et remarquons encore que toutes les fois que la monarchie a été ébranlée, perdue par les envahissements successifs et l'influence prépondérante des assemblées délibérantes, c'est à l'armée et à la magistrature que nous avons dû sa restauration et sa conservation.

Les hommes de la révolution, qui n'ont de courage que contre les faibles, redoutent surtout ces deux forces sociales qui sont comme les fondements de la monarchie, et lorsque, par surprise, et en violant toutes les lois divines et humaines, ils parviennent, dans des jours néfastes, à s'emparer du pouvoir, et veulent nous imposer une forme de gouvernement que repoussent également les mœurs et les sentiments séculaires de la nation, on voit ces hommes s'efforcer de désorganiser l'armée, après l'avoir humiliée, et menacer la magistrature de la perte de son indépendance.

Ils forment ce parti qui n'abdique jamais, qui est l'éternel ennemi de la religion et de la société, et dont les écrivains sans génie, et les orateurs sans patriotisme, continuent à corrompre et à agiter les esprits.

Ce n'est pas assez pour les hommes dont nous parlons d'avoir, depuis bientôt quatre-vingts ans, infligé à la France ces catastrophes périodiques qui ont été pour tant de familles une cause de ruine et de deuil; ce n'est pas assez d'avoir de nos jours chassé du trône deux vieux rois, de les avoir condamnés à mourir sur la terre étrangère, pour nous enlever ensuite tous les biens dont nous jouissions, il faut qu'ils s'attaquent maintenant, et avec le même courage, à un autre vieillard, à ce vénérable Pape dont les vertus et les douloureuses épreuves rappellent la douceur, la bonté et le martyre de celui qui fut plutôt le père que le souverain de son peuple, de l'infortuné Louis XVI !

En présence des crimes commis, des usurpations accomplies et des excitations quotidiennes de la presse révolutionnaire, il est bien permis de craindre que les agents de la réforme démocratique et sociale, qui ont débuté dans la capitale du monde chrétien par le lâche assassinat de l'illustre Rossi, ne s'arrêtent pas devant la majesté de l'auguste Pontife, et qu'ils ne tentent d'arracher de ses mains sacrées cette « maîtresse branche qui influe partout [1], » et à laquelle sont comme attachées par un lien naturel et divin toutes les royautés de la terre.

(1) *Pensées de Pascal.* — Seconde partie, art. XVII. — 94.

Un vaillant capitaine, qui était une des gloires les plus pures de notre armée[1], a dit : « Le christianisme n'est pas seulement la religion du monde civilisé, il est le principe de la vie même de la civilisation, et la papauté est la clef de voûte du christianisme.

« La révolution, comme autrefois l'islamisme, menace aujourd'hui l'Europe, et, aujourd'hui comme autrefois, la cause du Pape est la cause de la civilisation et de la liberté............................»

Et si Pie IX succombait jamais sous les coups de la révolution, l'Eglise, *qui ne passera pas*, lui survivrait; mais lorsqu'une société est ravagée par le doute et l'égoïsme, lorsque le ministère public lui-même signale le désordre dans les idées, l'oubli des traditions et des principes, le mépris de l'autorité, la corruption des esprits, l'affaissement des âmes et la défaillance des mœurs[2], qui donc pourrait nous garantir que nous ne serions pas encore une fois les témoins d'une de ces tempêtes politiques et sociales qui amènent, au milieu d'une anarchie universelle et

(1) Lamoricière.

(2). Voir le discours prononcé par M. l'avocat général Senart, le 3 novembre 1865, à l'audience solennelle de rentrée de la Cour impériale de Paris. *Passim.*

du déchaînement de toutes les ambitions et de toutes
les convoitises, le triomphe de la force brutale sur les
ruines de la loi et de la justice.

Il y a un moment où le plus ignoré des citoyens a
le droit de dire, malgré son néant, ce qu'il regarde
comme la vérité, c'est celui où il a le sentiment du
péril auquel sont exposées sa religion et sa patrie, les
deux choses qu'il doit le plus aimer sur cette terre,
et auxquelles l'honnête homme n'hésite pas à sacrifier
ses opinions et ses attachements de parti.

Les aveugles de la politique nous mettront sans
doute au nombre de ces esprits chagrins et inquiets,
qui exagèrent comme à plaisir les dangers publics,
et ne voudront pas reconnaître les symptômes funestes
et les graves caractères du mouvement social auquel
nous assistons ; mais la vérité sur le temps présent a
été exprimée par d'autres que par nous, et qui donc
pourrait nier l'autorité de ces paroles justes et sévères,
prononcées naguère devant une des Cours souveraines
de l'Empire, et que nous citons ici à l'appui des ré-
flexions qui précèdent : « La société, disait un savant
magistrat[1], si fière qu'elle soit de sa force, si enor-
gueillie qu'elle se montre des splendeurs qui l'environ-

(1) M. Senart. Même discours.

nent, conserve le sentiment confus de ses misères et de ses faiblesses ; une vague inquiétude l'agite au milieu de ses emportements, et elle comprend la nécessité d'une institution tutélaire dont l'expérience, formée des leçons du passé, règle son ardeur ; dont la sagesse, fondée sur la loi, l'avertisse de ses écarts, et dont la prudente impartialité n'admette et ne consacre que ses conquêtes légitimes............ ....

» La France, entraînée et séduite par les grandeurs matérielles, a négligé les conquêtes morales que la sagesse du prince n'avait point oubliées. La société, dédaigneuse du passé, indifférente aux principes, cède à des tendances dangereuses. L'esprit de destruction, qui jamais ne se lasse, précipite son mouvement et lui ouvrirait des abîmes où sa prospérité viendrait soudainement s'engloutir. C'est aux pouvoirs publics de conjurer ce péril. »

L'irréligion et le matérialisme sont la véritable cause des maux dont nous souffrons et de notre décadence morale ; nous laissons aux esprits forts leur orgueilleuse confiance dans la prétendue puissance de la raison individuelle, source de toutes les révoltes depuis *la réforme*, et nous sommes persuadé que la religion, qui a sauvé le monde il y a dix-huit siècles, peut seule fermer l'abîme entr'ouvert sous nos pas.

« Chose admirable ! a écrit Montesquieu, la religion chrétienne, qui ne semble avoir d'objet que la félicité de l'autre vie, fait encore notre bonheur dans celle-ci [1]. »

Cette belle et profonde pensée s'applique aussi bien aux peuples qu'aux particuliers, et nous croyons, avec le même auteur que, pour assurer la paix du monde et le bonheur de l'humanité, « les principes du christianisme, bien gravés dans les cœurs, seroient infiniment plus forts que le faux honneur des monarchies, les vertus humaines des républiques, et la crainte servile des Etats despotiques [2]. »

En publiant ces pages, nous n'avons jamais compté sur l'approbation de *l'orgueilleux* qui, en religion et en politique, se croit plus savant que Bossuet et Montesquieu, ni sur celle de *l'ambitieux* « dans l'esprit duquel le succès couvre la honte des moyens, et qui, voulant parvenir, fait toujours céder l'intérêt public à son intérêt propre, considère comme un ennemi auquel il ne pardonne point le mérite qui entre en concurrence avec lui, sacrifie à ses jalousies le salut de l'Etat, et verroit avec moins de regret les

(1) *Esprit des Lois*. Livre XXIV, chap. 3.
(2) *Esprit des Lois*. Livre XXIV, chap. 6.

affaires publiques périr entre ses mains, que sauvées par les soins et par les lumières d'un autre [1]. »

Mais plaire aux esprits bien faits [2], gagner les suffrages des juges éclairés, est à nos yeux ce qu'il y a de plus digne d'être recherché, et si ces juges reconnaissent que nous avons rappelé des vérités utiles, et que cet opuscule a été écrit de bonne foi et avec le sentiment du bien public, nous aurons ainsi obtenu une véritable distinction qui sera la meilleure et la plus solide récompense de notre travail.

[1] Massillon. *Petit Carême.* — *Passim.*
[2] Expression de Corneille.

Châlons, imp. T. Martin.